L'ERREUR

SOUS L'ANCIEN RÉGIME ET LA RÉVOLUTION.

LE RETOUR A LA VÉRITÉ ET LA RÉFORME

L'ÉPILOGUE DE 1878

69ᵉ CHAPITRE DE LA *RÉFORME SOCIALE EN FRANCE*

(6ᵉ édition. — 4 vol. in-12. — 8 fr.)

PAR

M. F. LE PLAY

Ancien Sénateur, ancien Conseiller d'État, Inspecteur général des mines
Commissaire général aux Expositions universelles de Paris et de Londres
Auteur des *Ouvriers européens*

> Je passai ma jeunesse à voyager... J'avais
> toujours un extrême désir d'apprendre à dis-
> tinguer le vrai d'avec le faux, pour voir
> clair en mes actions et marcher avec assu-
> rance en cette vie.
>
> (DESCARTES, *Discours de la Méthode.*)

TOURS

ALFRED MAME ET FILS, LIBRAIRES-ÉDITEURS

—

PARIS (rive droite), DENTU, libraire, Palais-Royal, 19, galerie d'Orléans

PARIS (rive gauche), LARCHER, libraire, 57, rue Bonaparte

—

1878

SOMMAIRE

§ I. La onzième révolution avec un surcroît de corruption et d'erreur. — § II. Les symptômes de réforme éclos à la vue des calamités nationales. — § III. Les symptômes observés chez les gouvernants. — § IV. Les symptômes observés chez les particuliers. — § V. L'erreur fondamentale des Français. — § VI. Le retour à la vérité chez les Unions de la paix sociale.

OBSERVATION

SUR LES RENVOIS INTERCALÉS DANS LE TEXTE
ENTRE PARENTHÈSES

Les groupes de deux chiffres renvoient le lecteur, savoir : le premier (arabe) à l'un des 68 premiers chapitres de la *Réforme sociale*; le second (romain) à l'un des paragraphes de ce chapitre. Les chiffres uniques (romains) renvoient le lecteur à l'un des 6 paragraphes du chapitre 69.

CHAPITRE 69

L'ERREUR, CAUSE DE LA SOUFFRANCE; LA GUÉRISON,
FRUIT DU RETOUR A LA VÉRITÉ

**§ I. La onzième révolution avec un surcroît de corruption
et d'erreur.**

Les craintes que j'exprimais en 1864, au sujet
de la réforme sociale en France, se sont réalisées.
Le second empire n'a rempli qu'à moitié son pro-
gramme de Bordeaux (1852) : il a beaucoup augmen-
té la richesse; il n'a rien fait pour ramener
la vertu. L'essor inouï qu'a pris la prospérité ma-
térielle a même aggravé les souffrances qui émanent de l'antagonisme et de l'instabilité (1, III).
Égarés par des apparences de succès et inspirés
par l'orgueil, les gouvernants et les lettrés, qui
constituent seuls aujourd'hui la classe dirigeante,
ont plus que jamais oublié la loi morale; et ils
nous ont rapprochés de l'abîme ouvert devant
nous (15, VI). Les grands ateliers de travail se
sont multipliés aux dépens des petits. Les maîtres
se sont enrichis plus vite et « retirés » plus tôt

que par le passé. Ils ont abandonné sans scrupule leurs ouvriers aux souffrances physiques et morales qui émanent depuis quatre-vingt-dix ans du faux dogme de la « liberté ». Les maîtres ont trouvé, en apparence, sous ce régime des avantages matériels ; mais ils ont perdu les satisfactions morales, plus réelles et plus permanentes, qui leur étaient précédemment assurées par l'accomplissement du devoir envers leurs ouvriers.

Cette décadence sociale s'est produite sous le second empire malgré les intentions bienveillantes et les efforts persévérants de l'Empereur. Elle n'a eu pour véritable cause, ni l'égoïsme des riches, ni l'avidité des maîtres. Elle a été la conséquence directe et logique des trois faux dogmes qui constituent les prétendus principes de 1789. C'est, en effet, sous l'inspiration de sentiments généreux que nos pères abolirent violemment les institutions traditionnelles de la France en s'appuyant sur « la liberté systématiqu? », sur « l'égalité providentielle » et sur « le droit de révolte ».

Malheureusement les meilleures intentions restent stériles, souvent même elles sont nuisibles, quand elles n'ont pas pour guide la connaissance de la vérité. Le premier attentat commis le 14 julllet 1789, selon le droit de révolte honoré, depuis 1779, en la personne de La Fayette, arrêta court la réforme qu'il aurait fallu opposer aux abus scandaleux qui dataient de 1661. Il fit apparaître des désordres sociaux que l'ancienne France n'avait jamais connus. Les neuf révolutions suivantes n'ont pas été plus fécondes; et il en a été de même pour la onzième, qui s'est accomplie sous nos yeux le 4 septembre 1870. Il semble même que le régime sous lequel nous vivons depuis huit années a contribué plus que les dix précédents à semer la corruption et à propager l'erreur. La vie privée s'ébranle de plus en plus, et se désorganise même, sur plusieurs points de notre territoire. Le partage forcé des héritages imprime une instabilité sans exemple aux foyers domestiques et aux ateliers de travail. Les modifications incessantes apportées aux procédés de gouvernement font pénétrer jusque dans les moindres voisinages la division qui est le symptôme habituel de la ruine des États.

Les promoteurs de la dernière révolution ont beaucoup développé l'une des formes les plus dangereuses de l'antagonisme social, celle qui divise les ateliers de travail en deux camps ennemis. Ils ont fait entrevoir aux contemporains des nouveautés qui ont déjà entraîné de cruelles déceptions : ils enseignent journellement qu'on peut remplacer par des luttes politiques et par l'intervention des gouvernants les anciens rapports fondés, dans l'atelier, sur l'intérêt commun et l'affection réciproque du maître et de l'ouvrier.

Sous l'impulsion nouvelle qui leur est imprimée, les classes souffrantes appelées « la canaille » par le fondateur de la démocratie américaine et « la vile multitude » par un lettré français, cherchent le bien-être dans ce qui doit consommer leur ruine et poussent la France aux catastrophes finales. On les excite à tout entreprendre pour améliorer leur sort; mais on éloigne de plus en plus les maîtres et les ouvriers du seul moyen de salut: de la solidarité professionnelle que créaient spontanément les rapports traditionnels de commandement et d'obéissance, que fortifiait partout la communauté des sentiments.

§ II. Les symptômes de réforme éclos à la vue des calamités nationales.

La dernière révolution a produit des maux immenses qui sont connus de chacun et qu'il serait superflu de rappeler ici. Toutefois ces maux ont été compensés par un grand bien. Ce fait n'excuse pas assurément les auteurs de la catastrophe; mais il rend l'espoir à ceux qui la subissent sans se décourager.

L'humiliation actuelle des Français et la perte de l'ascendant moral que la patrie exerçait encore en 1789, après cent vingt-huit ans de décadence, ont enfin ouvert les yeux de beaucoup d'hommes qui restaient de bonne foi dans l'erreur. La vérité, qui, avant la catastrophe, était reléguée dans des écrits peu connus, se fait jour maintenant de tous côtés. La révolution, servie par les fortes races qu'avait créées l'ancienne France, a pu d'abord inspirer certaines illusions; mais son caractère pernicieux apparaît à mesure qu'elle est dirigée plus exclusivement par les hommes égarés ou impuissants qu'elle a formés. Ceux qui échappent aux idées préconçues, propagées depuis l'apparition du « Contrat social », sont maintenant fixés sur le néant des doctrines révolutionnaires. A cet égard les faits contemporains confirment les convictions suggérées tout d'abord à Edmund Burke[1] par les textes où ces doctrines furent formulées. Les *Déclarations des droits* (64, III) ne contiennent, en fait de vrais principes, que certaines vérités traditionnelles de l'humanité. Ce qui est propre à 1789, c'est l'abandon du Décalogue et l'adoption de trois faux dogmes dont l'application engendre plus que jamais, sous nos yeux, la souffrance et la barbarie.

La France sera sauvée le jour où cette vérité, masquée depuis longtemps par les vices de l'ancien régime et les attentats de la révolution, sera devenue évidente pour tous les esprits cultivés. Jusqu'à présent l'erreur tient chez nous « le haut du pavé ». Elle a pour appui la majorité de la classe dirigeante; elle est encore prêchée par les

---

[1] Voir : Le Play, *la Constitution de l'Angleterre*, I, 95; II, 184.

lettrés d'un autre âge, qui ont acquis leur renommée en professant les faux dogmes et en glorifiant les coupables conséquences qui en résultent.

Heureusement les talents plus jeunes puisent aujourd'hui leurs succès à des sources plus pures. La mort, qui, au commencement de ce siècle, moissonna surtout les sages nourris des bonnes traditions nationales, frappe maintenant les sophistes inspirés par l'esprit de nouveauté. Son œuvre, après avoir fortifié l'erreur, rétablit journellement la vérité. Le retour de la jeunesse aux éternels principes du bien rend l'espoir à ceux qui, sans parti pris, prennent simplement le criterium de leurs opinions dans le bonheur de la patrie. C'est déjà l'aurore de la réforme.

§ III. Les symptômes observés chez les gouvernants.

La jeunesse dont j'entrevois, pour l'avenir, l'heureuse influence ne s'est guère arrachée à l'erreur qu'à la vue des fléaux déchaînés par la guerre, par la onzième révolution et par la révolte de Paris. Elle n'avait donc pas encore acquis l'autorité nécessaire pour provoquer la réforme en février 1871, lorsque les Français, après avoir subi la paix, reprirent possession d'eux-mêmes. Dans l'état de souffrance où elle se trouvait, la France n'aurait pu être promptement guérie que par l'un de ces sages auxquels les nations désorganisées ont souvent confié le pouvoir constituant. Malheureusement, elle était alors privée du moyen de se concerter pour choisir son sauveur. Elle dut recourir à l'un de ces pouvoirs élus te collectifs qui ne sont d'aucun secours à un peuple divisé par les idées et les institutions émanant d'une erreur fondamentale (V). Elle rentra dans l'ornière d'une assemblée constituante empruntée déjà sans succès, en 1789 et en 1848, à la révolution américaine. En 1871, non plus qu'à ces deux époques, la France ne possédait aucune des qualités qui procurèrent momentanément la stabilité à l'œuvre du congrès constituant des États-Unis. Les membres des trois assemblées françaises ne furent jamais unis, comme l'avaient été leurs modèles, par les préceptes du Décalogue (65, XII). Au contraire, ils étaient divisés par des questions politiques au sujet desquelles l'accord régnait chez les Américains. Enfin les Français de 1871, comme ceux de 1848 et de 1789, n'avaient que du mépris pour les anciennes coutumes nationales; tandis que le respect des coutumes constituait, pour les Anglo-Saxons de l'Amérique, le moyen énergique de paix et de stabilité qui agit encore aujourd'hui sur les Anglo-Saxons de la Grande-Bretagne. Il n'y a donc pas lieu de s'étonner si l'assemblée nationale de 1871 a échoué comme les précédentes assemblées révolutionnaires de la France en imitant la méthode constituante du congrès américain.

*

Depuis 1871, nos gouvernants, paralysés par une méthode vicieuse, ont été incapables de reconstituer définitivement la souveraineté. Toutefois ils nous ont fait entrevoir quelques symptômes de réforme. Ainsi, ils ont établi deux chambres plus aptes qu'une assemblée unique à faire prévaloir les idées, les mœurs et les institutions sur lesquelles une souveraineté durable pourra être fondée. Ils ont rétabli, dans l'enseignement supérieur des lettres, des sciences et des arts, l'émulation qui régnait dans l'ancienne constitution française (47, XVII) et qui n'a pas cessé d'être considérée par les autres nations européennes comme un principe fondamental. Ils sont revenus à la coutume universelle, en vertu de laquelle on invoque la protection de Dieu au début des grands actes de la vie publique. Les partisans d'une monarchie héréditaire n'ayant pu s'entendre sur le choix du monarque, les gouvernants ont compris la nécessité d'écarter momentanément une question insoluble et irritante. Ils se sont rattachés aux principes d'une monarchie élective, sans se dissimuler les périls que ce régime a toujours entraînés pour les peuples entourés de nations belliqueuses à monarchie héréditaire. En revanche, débarrassés d'une agitation stérile, ils semblent disposés à restaurer les huit commandements du Décalogue, que les trois faux dogmes ont détruits dans le cœur des Français.

Ainsi, au moment où j'écris ces lignes, un honorable sénateur veut bien m'informer qu'il provoque la réforme des lois qui encouragent depuis 1791 les atteintes portées au respect de la femme. On m'assure également que l'amélioration de ce honteux état de choses, par le retour aux VIe et IXe commandements, réunira une majorité dans chacune des deux chambres du parlement.

§ IV. Les symptômes observés chez les particuliers.

Depuis deux siècles les particuliers sont de plus en plus impuissants à guérir le mal qui les envahit. Les Français sont devenus, d'erreur en erreur et de chute en chute, le peuple le plus malheureux de l'Europe.

Partout, excepté en France, la famille est l'arbitre de ses destinées. Dans l'accomplissement de sa tâche, le père possède le pouvoir qui naît de la responsabilité. Cette tâche est rendue facile, même aux hommes d'une aptitude médiocre, par la puissance de la coutume et par la tradition des ancêtres. Au moment où il est investi de l'autorité par le progrès de l'âge, il trouve la coutume et la tradition vivantes au foyer domestique et à l'atelier de travail : il a donc deux solides appuis pour dresser ses enfants à pratiquer les préceptes du Décalogue et les obligations qui en dérivent. Il choisit librement parmi ses aînés et marie au foyer paternel l'héritier le plus tôt prêt et le plus apte à le seconder. Grâce au concours du jeune ménage, il établit successivement au dehors les autres enfants qui ne préfèrent pas rester dans le célibat au foyer paternel. Il attribue, sous forme de dot, aux fondateurs des nouveaux établissements la totalité des bénéfices nets procurés à la famille par le travail commun. Quand cette œuvre de longue durée est accomplie, l'héritier est amené, par le cours naturel des choses, à remplacer peu à peu ses vieux parents, et à les soigner dans leur vieillesse. Enfin, lorsque le vieux père ne peut plus servir la famille que par ses conseils, l'héritier, investi, en fait, du gouvernement domestique, procède à son tour, avec l'aide d'un de ses enfants aînés, à l'établissement de la génération qu'il a lui-même élevée. De cette maison-souche, toujours féconde, sortent des rejetons qui apportent incessamment un supplément de force à tous les éléments de la nation et à ses colonies. Les rapports mutuels des familles sont réglés dans chaque voisinage et dans chaque paroisse, selon la nature des lieux et le mode d'activité sociale, par des coutumes séculaires qui sont le produit spontané des idées et des mœurs. Les contestations que soulèvent les défaillances individuelles sont apaisées, et au besoin tranchées sans appel par un juge, soumis lui-même à l'autorité de la coutume locale. Chaque localité, pourvu qu'elle adopte le Décalogue pour loi suprême, trouve donc en elle-même toutes les satisfactions que procurent la jouissance du pain quotidien et le règne de la paix sociale. Enfin, la coutume pourvoit également aux rapports, relativement rares, qui lient la paroisse à la province et à l'État.

Depuis le 14 juillet 1789, la France s'acharne avec une sorte de vertige à détruire ces éléments primordiaux de toute paix, de toute stabilité. Passionnés pour les réformes que la corruption de l'ancien régime rendait nécessaires, les promoteurs de la révolution ont dépassé dans leur tyrannie toutes les limites indiquées par les pires exemples de l'histoire. Sous l'impulsion de leurs successeurs, la France continue à détruire les institutions qui, à deux reprises, sous saint Louis et Louis XIII, lui permirent de dominer l'Occident, par l'ascendant moral. Ces institutions, que j'ai rappelées ci-dessus (IV), sont, au contraire, conservées avec un surcroît de sollicitude par les nations qui, aujourd'hui, l'emportent sur la France, tout au moins par le talent et la force. Cette décadence est signalée, depuis 1864, dans le présent ouvrage; toutefois, elle est devenue tellement évidente depuis le 4 septembre 1870, que je puis maintenant résumer en quelques lignes notre lamentable histoire de 217 années.

Depuis 1661, les cours de l'ancien régime et les influences qui dominaient la vie publique, n'ont pas cessé d'ébranler la France désorganisée sous les Valois, puis raffermie sous Louis XIII. Les classes qui dirigeaient la vie privée assistèrent avec douleur aux attentats commis sur la nation. Bossuet et Coislin, Condé et Vauban virent clairement le mal ; mais ils ne le combattirent point directement. Cependant, comme le remarque justement l'illustre Edmund Burke, cette défaillance du clergé et de la noblesse doit être attribuée, non à des motifs honteux, mais à un excès de loyauté envers le roi. Néanmoins cette abdication eut les conséquences désastreuses que j'ai souvent signalées. Elle fit passer la direction du mouvement social à des lettrés incapables de l'exercer : elle conféra aux encyclopédistes l'ascendant nécessaire pour usurper le pouvoir qu'auraient dû garder les Autorités sociales non encore envahies par la corruption. J'indique depuis 1855, avec une insistance que rien ne décourage, les terribles conséquences de cette usurpation. Les trois faux dogmes de 1789 ont remplacé, dans les âmes et les esprits de mes concitoyens, les préceptes du Décalogue. Ils ont engendré par une déduction irrésistible onze révolutions. Les hommes qui se disent « conservateurs », et croient représenter la tradition nationale, sont imbus de ces erreurs presque autant que leurs rivaux politiques qui arborent le drapeau de la nouveauté. Sciemment ou à leur insu, les deux partis travaillent en fait, depuis huit ans, à préparer la douzième révolution ou la dernière catastrophe. En dehors d'une jeunesse d'élite, les nouvelles générations se révoltent de plus en plus contre l'autorité paternelle. Elles désorganisent plus que jamais, par les liquidations du Partage forcé, les foyers et les ateliers où s'étaient perpétués jusqu'à présent les bonnes traditions de la famille et du travail. La corruption croissante des mœurs multiplie les crimes et les procès. Les pères de famille, chez lesquels se conservent encore la sagesse et le patriotisme, sont de plus en plus impuissants à remplir leur principale fonction. Les idées dominantes comme les institutions établies paralysent leur dévouement, lorsqu'ils tentent d'arrêter les envahissements de l'instabilité et de l'antagonisme.

Heureusement, comme je l'ai dit ci-dessus, les symptômes d'un meilleur avenir commencent à apparaître. Des sages et des patriotes, peu nombreux encore assurément, comprennent enfin la portée de « l'erreur fondamentale » qui a égaré les inventeurs des trois faux dogmes et qui inspire encore leurs disciples. Ils commencent, en outre, à réfuter cette erreur, et ils préparent ainsi la réforme par le retour à la vérité.

§ V. L'erreur fondamentale des Français.

L'erreur, qui est le principe de notre souffrance actuelle, est née en Angleterre et en Allemagne, après les guerres religieuses du XVIIᵉ siècle. Elle a été importée en France, au siècle suivant, par les lettrés de ces deux pays. Enfin ces produits étrangers ont été acclimatés et multipliés par les lettrés français avec un art qui leur a donné momentanément la direction de tous les égarés d'Europe et d'Amérique. Pour réformer les sociétés contemporaines, J.-J. Rousseau et les encyclopédistes sont partis, en ce qui touche la nature de l'homme, d'un fait évidemment faux[1]. Ils admettent que l'enfant naît avec une tendance exclusive vers le bien, et, voyant le mal déborder de toutes parts, ils concluent à l'abolition des institutions mises en pratique, depuis les premiers âges, chez toutes les races prospères. Celles-ci, en effet, ont constaté que, depuis la naissance jusqu'à la mort, beaucoup d'hommes ont une inclination prépondérante vers le mal. En conséquence, pour as-

---

[1] « Le principe fondamental de toute morale, sur lequel j'ai « raisonné dans tous mes écrits, est que l'homme est un être na- « turellement bon, aimant la justice et l'ordre ; qu'il n'y a point « de perversité originelle dans le cœur humain, et que les pre- « miers mouvements de la nature sont toujours droits. » (J.-J. Rousseau, *Lettre à Christophe de Beaumont, archevêque de Paris.*)

« C'était la conviction du XVIIIᵉ siècle et de la génération for- « mée à son école que l'homme est essentiellement bon et que, « dans les sociétés humaines, le mal provient, non de la nature « humaine, mais de la mauvaise organisation sociale et du mau- « vais régime politique. La confiance dans la bonté naturelle de « l'homme était, en 1789, l'une des colonnes de l'orgueil hu- « main. » (Guizot, *Mémoires.* — Introduction.)

surer la paix, elles ont contraint les individus, soit à s'abstenir de certains actes, soit à en pratiquer plusieurs autres. Elles ont confié à des corporations d'agents spéciaux le devoir d'exercer ces contraintes; et, pour rendre possible l'exécution de ce devoir, elles ont donné à ces agents une situation privilégiée, avec le pouvoir de se faire obéir. Les novateurs de la révolution regardent comme non avenue l'expérience de l'humanité. Ils ferment les yeux à l'évidence qui se produit à chaque foyer; et, par une idée préconçue que rien ne justifie, ils prétendent organiser les sociétés humaines sous un régime diamétralement opposé. A leur point de vue, le mal provient précisément des contraintes, des priviléges et des autorités publiques, que les hommes de tradition emploient pour le guérir. C'est ainsi qu'ils désorganisent notre malheureuse France en la soumettant par la violence à leurs trois faux dogmes : à « la liberté systématique », à « l'égalité providentielle », et au « droit de révolte ». Au surplus, en cette matière, les échecs de la pratique sont aussi évidents que la fausseté de la doctrine. Les mères et les nourrices n'ont jamais procédé à l'élevage des babys selon l'enseignement des hommes de nouveauté ; les lettrés et les politiques ont été rudement déçus chaque fois qu'ils l'ont appliqué au gouvernement des hommes.

§ VI. Le retour à la vérité chez les Unions de la paix sociale.

Les hommes qui mettent en évidence l'erreur fondamentale du xviiie siècle, s'efforcent en même temps de préparer chez les contemporains le retour à la vérité. Pour atteindre ce double but, ils se groupent en petites unions, indépendantes l'une de l'autre, formées spontanément par les rapports naturels de parenté et d'amitié, organisées selon les convenances propres à chaque famille. Les mieux constituées ne dépassent pas la limite d'un petit voisinage. Sauf l'identité du nom, les Unions de la paix sociale n'ont guère qu'un trait commun : elles puisent la vérité à la même source : à une Bibliothèque[1] dont les ouvrages sont livrés au prix de revient par les Éditeurs. En échange du service qui leur est ainsi rendu, les Unions contractent l'obligation morale de concourir à l'enseignement des vérités sociales. Elles prêtent dans la localité les livres que leur procure une légère cotisation. Chaque membre en distribue même annuellement un petit lot à ses voisins pauvres; car l'expérience a enseigné aux Unions que, dans notre temps d'erreur, l'aumône des vérités traditionnelles fait défaut encore plus que celle du pain quotidien. Les membres des Unions ne sont nullement tenus de dérober un

---

[1] La Bibliothèque de la paix sociale, comprenant : *Les Ouvriers européens, la Réforme sociale en France,* etc.

seul instant aux devoirs de leur profession. Toutefois, au milieu des travaux les plus absorbants, ils rencontrent souvent l'occasion, en plaçant judicieusement quelques mots, de faire une propagande utile à leurs intérêts, ou de prendre une récréation agréable.

Les membres qui, en raison de leur fortune, ont le devoir de consacrer au bien public une partie de leur temps, donnent plus d'étendue à la pratique de ces mêmes obligations. Quelques-uns organisent un enseignement oral dans leur localité ou parcourent avec le même but le territoire de plusieurs Unions voisines. Dans cette voie, certaines Unions ont déjà obtenu les succès qui récompensent souvent les humbles débuts. Elles ont déjà rapproché des hommes que divisaient jusque-là les discordes politiques et religieuses. Elles espèrent développer cette œuvre d'apaisement sans s'écarter de la modestie qui convient à leur caractère privé. Elles ne se rattachent en rien à ces deux branches de la classe dirigeante qui, chez toutes les races sédentaires, sont investies d'un caractère public pour assurer « la paix de Dieu » et « la paix du souverain ». Les Unions désirent être des auxiliaires utiles pour ces deux corps ; mais elles en restent indépendantes. Elles s'identifient autant que possible avec la vie privée. Leur but serait atteint si elles s'effaçaient en se propageant ; si le nom même des

Unions devenait inutile en se confondant avec celui des familles et des voisinages.

L'œuvre des Unions est nécessaire aujourd'hui parce que l'erreur, en pénétrant partout, a donné à toutes les couches de la nation le pouvoir de se jeter d'elles-mêmes dans l'abîme. Toutefois il semble que, même chez les peuples ramenés à la vérité, la science sociale fondée sur l'expérience restera une branche normale de l'enseignement supérieur des universités. Les professeurs que les Unions ont formés pour un enseignement public se tiennent, dès à présent, à la disposition des corps dirigeants. Ils adopteront les convenances spéciales à chacun d'eux, et ils subiront au besoin sa direction et son contrôle. En échange de leur dévouement ils exigent seulement deux libertés : rester étrangers aux débats irritants que soulèvent les nationalités, la religion et la politique; prendre uniquement pour base de leurs appréciations la loi suprême de toutes les races et de tous les temps : celle qu'un socialiste révolutionnaire appelle « le magnifique symbole »; celle qu'un illustre prélat a nommée plus récemment « le Décalogue éternel ».

15 mars 1878.

8230. — Tours, impr. Mame.